Hermann Multhaupt

Möge Gottes rechte Hand unter deinem Haupte sein

Alte irische Segenswünsche III

Bergmoser + Höller Verlag, Aachen

„A blessing does not fill the stomach" – ein Segen füllt keinen Magen, oder: Von einem Segenswunsch wird man nicht satt. So lautet ein irisches Sprichwort. Mag sein, daß bestimmte elementare Bedürfnisse des Menschen durch fromme Sprüche nicht gestillt werden, aber die geistigen Erwartungen können durchaus auf ihre Kosten kommen.
Das zeigt die Beliebtheit unserer beiden Bändchen mit typisch irischen Segenssprüchen, die voller Lebenskraft und Glaubenserfahrung, doch auch von verstecktem Humor und hintergründigem Witz geprägt sind. Viele Menschen haben diese Segenswünsche mit Freude angenommen, nicht zuletzt, weil sie vielleicht ein Stück ihrer eigenen Lebenserfahrung in ihnen gespiegelt sahen, oder weil sie sich mit den Aussagen, Wünschen und Bitten identifizieren konnten.

Irische Segenswünsche eignen sich zur Meditation, zum persönlichen Gebet. Der großen Nachfrage wegen haben wir uns entschlossen, ein drittes Bändchen herauszugeben. Es enthält zu einem Teil alte keltische, frühirische Gebete, die noch aus den ersten Jahrhunderten der Kirche in Irland stammen. Ihre Sprache ist besonders wortstark und bildreich, sie wirkt urtümlich und erdverbunden. Gelehrte Mönche und einfache Eremiten haben diese Gebete gesprochen und aufgeschrieben. Viele sind aber auch von Mund zu Mund durch Generationen weitergetragen und uns erfreulicherweise überliefert worden. Des weiteren gibt es in unserer Sammlung auch Alltagswünsche, entstanden aus kleinen Begebenheiten, täglichen Arbeiten und Verpflichtungen. Möge (und mit diesem Wort beginnen ja viele irische Segenswünsche) die Lektüre auch dieses Bändchens viel Freude bereiten.

In der „Klosterstadt“ Kilmacduagh

Beim Aufstehen

Ich stehe mit Gott auf,
möge Gott sich mit mir erheben.
Die Hand Gottes sei über mir,
während ich erwache und schlafe
und während ich aufstehe.

Morgengebet

Ich danke dir, Jesus Christus,
du hast mich aus dem Dunkel der Nacht geweckt
und mir das Licht eines neuen Tages geschenkt.
Du willst, daß meine Seele ewiges Leben hat.
Deshalb hast du dein Blut für mich vergossen.

Ich lobe dich, o Gott,
für alles, was du mir gewährst:
Für die tägliche Nahrung, für meine Sprache, meine Arbeit,
für meine Gesundheit.

Ich bitte dich von Herzen:
Bewahre mich vor der Sünde,
beschütze mich vor dem Bösen.
Segne mich heute, an diesem Tag,
du mein Gott!
Christus, der du für mich gelitten hast,
gib mir, dem Kleinen und Unscheinbaren,
Weisheit und Gnade.

Der große Gott
möge mich ganz in Besitz nehmen,
mich auf dem Meere und zu Lande beschützen.
Er möge jeden meiner Schritte lenken
auf den Weg des Friedens,
ja, auf den Weg des Friedens ins Paradies.

Haussegen

Gott, segne diese Welt und alles, was sie trägt.
Gott, segne meine Frau und meine Kinder.
Ja, segne die Augen in meinem Kopf
und alles, was meine Hände vollbringen.
Immer, wenn ich frühmorgens aufstehe,
immer, wenn ich spätabends zu Bett gehe,
segne mich!

Gott, schütze mein Haus und die, die darin wohnen.
Gott, heilige meine Kinder.
Umgib uns mit deiner liebenden Fürsorge.

Leite uns alle, auch die Herden auf der Weide,
wenn sie hügelauf und bergab
durch die Heide ziehen.
Achte auf sie, wenn ich mich schlafen lege.

Segenswünsche vor dem Essen und Trinken

Segne uns, o Gott,
segne unsere Speise und unseren Trank.
Du, der du uns so teuer losgekauft
und uns von dem Bösen befreit hast,
gabst uns einen Anteil an dieser Speise.
Mögest du uns auch einen Anteil am ewigen Leben geben.

Gebet beim Brotbacken

Die Freigebigkeit Gottes und den Segen Patricks
über alles,
was ich sehe und empfange.
Der großzügige Gott gab fünf Brote
und zwei Fische.
Möge er auch zu diesem Brot, das ich backe,
seinen Segen geben.

In Gälisch:
Rath Dé agus bail Phádraig
ar a bhfeicfidh mé agus ar nglacfaidh mé.
An rath a chuir Dia ar an gcúig arán agus ar an dá iasc,
go gcuire sé ar an mbeatha seo.

In einer Bar in Ennis. Hinter der Theke entfaltet sich die Kulisse geistiger Getränke.

Gebet vor dem Tabakrauchen

Achtzehn Pfeifenfüllungen
aus Patricks Friedhof,
Brigids Mantel
und Christi Grab,
dazu aus St. Peter,
Roms Haus der Gemeinde Gottes,
mögen mit deiner Seele sein
und mit der Seele dessen,
der diesen Tabak anbaute!
Ferner mit allen armen Seelen im Fegefeuer.

Du siehst die Sandkörnchen am Meer
und die sprießenden Hälmchen der Wiesen,
du beobachtest die Tautropfen auf der Ernte –
sie sollen nicht so zahlreich sein
wie die vielen Segen über deine Seele
und über alle Seelen der Toten dazu
und über meine eigene
in der Stunde des Todes.

Brigid = auch Brigit, Brighid, Brigida.
Die hl. Brigid lebte von 453 bis 524.

Beim Schnupftabaknehmen

Sieben Füllungen von Patricks Insel,
sieben Füllungen vom Grabe Christi,
den Segen des großen Gottes über deine Seele
und über die Seelen von sieben Generationen vor dir.

Sie leben fast das ganze Jahr im Freien: Schafe in Connemara

Segen nach der Schafschur

Geh nun, geschoren bist du,
komm zurück, wenn du voller Wolle bist.
Gebäre das Beltane-Lamm.*
Die liebreiche Brigid sei mit dir,
und die holde Maria stehe dir bei,
ja, die holde Maria stehe dir bei.

Michael, der Führer der himmlischen
Heerscharen,
beschütze mich vor dem bösen Hund
und vor dem hinterhältigen Fuchs,
vor dem Wolf und vor dem Bären,
vor den Raubvögeln mit ihren Krallen
und den Schnäbeln, die Verderben bringen,
ja, vor den Raubvögeln mit Krallen und
krummen Schnäbeln.

* *Das Beltane-Fest war keltischen Ursprungs. Der Segen galt einem Muttertier, dem der Scherer nach der Schur den Segen nachsandte in der Hoffnung, es möge bis zum 1. Mai ein weibliches Lamm gebären.*

Segensspruch über dem Webstuhl*

O Herr der guten Mächte,
segne meinen Webstuhl
und alle Arbeitsgeräte um mich herum.
Segne mich bei meiner Arbeit.
Mach meine Hand sicher, solange ich lebe.

Hilf mir gegen jeden heimtückischen Zwerg
und gegen jede arglistige Fee,
gegen böse Wünsche und aus jedem
erdrückenden Leid.
Hilf mir, du großer Geist,
solange ich lebe und auf Erden weile.

Ich bitte dich im Namen der mildtätigen Maria
und im Namen des unbeirrbaren und starken Columba:
Gewähre den vier Pfosten meines Webstuhls Schutz,
bis ich meine Arbeit am Montag wieder aufnehme.

Schütze die Tritte, die Lade und das Schiffchen,
den Kamm, die Kette und die Räder des Kamms,
den Zeugbaum sowie den Kettenbaum,
die Säume und die Fäden der Stränge.

Schütze jedes Gewebe, sei es schwarz, weiß oder hell,
rotbraun, graubraun, kariert oder rot.
Verteile deinen Segen überall hin,
selbst auf jedes Schiffchen, das unter dem Faden
durchschießt.

So wird mein Webstuhl unberührt sein,
wenn ich am Montag aufstehe.
Maria, die Schöne, wird mich an ihrer Liebe teilhaben
lassen,
und es wird nichts geben, das ich nicht zuwegebringe.

* *Männer und Frauen sprachen diesen Segensspruch am Samstagabend nach getaner Arbeit, um hinterhältige Zwerge oder gar die Totenfee fernzuhalten, die möglicherweise die Fäden verwirren und den Webstuhl in Unordnung bringen könnten. Die Menschen hingen ferner ein Kreuz über die Lade.*

Columcilles Bekenntnis auf einsamer Fahrt

Ich wandere allein auf dem Berge.
O Königin Sonne, laß meinen Pfad nicht
zu schwer sein,
dann habe ich nichts zu befürchten.
Auch wenn mich sechzigtausend Männer
beschirmten
und alle um mein Leben besorgt wären,
in der Stunde meines Todes
bin ich verwundbar.

Kein Druide kann unser Schicksal deuten,
kein Vogel auf dem Zweig es vorhersagen,
kein knorriger Eichenstamm es verkünden.
Halten wir uns an den, an den wir glauben:
an den König, der uns alle erschaffen hat.
Er wird mich auch heute nacht
nicht ohne Schutz alleinlassen.

Ich verlasse mich weder auf die Stimme
der Vögel
noch auf den Rat der Druiden,
noch auf irgendein Schicksal unter der Sonne.
Mein Druide ist Christus, Gottes Sohn,
der Sohn Marias, der große Abt,
Vater, Sohn und Heiliger Geist.
Meine irdische Wohnung ist in Kells und Moone,
meine ewige Heimat ist beim König der Könige.

Columba (Columcille), Abt und Klostergründer, lebte im 6. Jahrhundert.

Gebet eines Pilgers

Meine Seele und meinen Leib
bette ich diese Nacht unter deinen Mantel,
o Brigid.
O du sanfte Ziehmutter Christi,
der ohne Sünde ist,
o du sanfte Ziehmutter Christi, der Wunder tut.

Meine Seele und meinen Leib
lege ich diese Nacht unter deinen Mantel,
o Maria.
O du zarteste Mutter Christi,
der unsere Lasten trägt,
o du zarteste Mutter Christi der Tränen.

Meine Seele und meinen Leib
bette ich diese Nacht unter deinen Mantel,
o Gott.
O Vater, du großer Helfer,
du Schutzherr entkräfteter Pilger,
du Schutzherr der Erde und des Himmels,
der Erde und des Himmels.

Gebet vor einer Reise

Leben sei in dem, was ich sage,
Sinn in dem, was ich spreche.
Voller Kraft wie rote Kirschen
seien meine Lippen, bis ich wiederkomme.

Die Liebe, die Jesus Christus ist,
nehme jedes Herz für mich ein.
Die Liebe, die Jesus Christus ist,
lasse mein Herz für jeden Menschen schlagen.

Wenn ich Schluchten durchwandere und Wälder
durchquere,
wenn ich durch karge, endlose Täler ziehe,
so erbitte ich die Hilfe der wegweisenden Maria.
Jesus, der gute Hirt, sei mein Schutz.

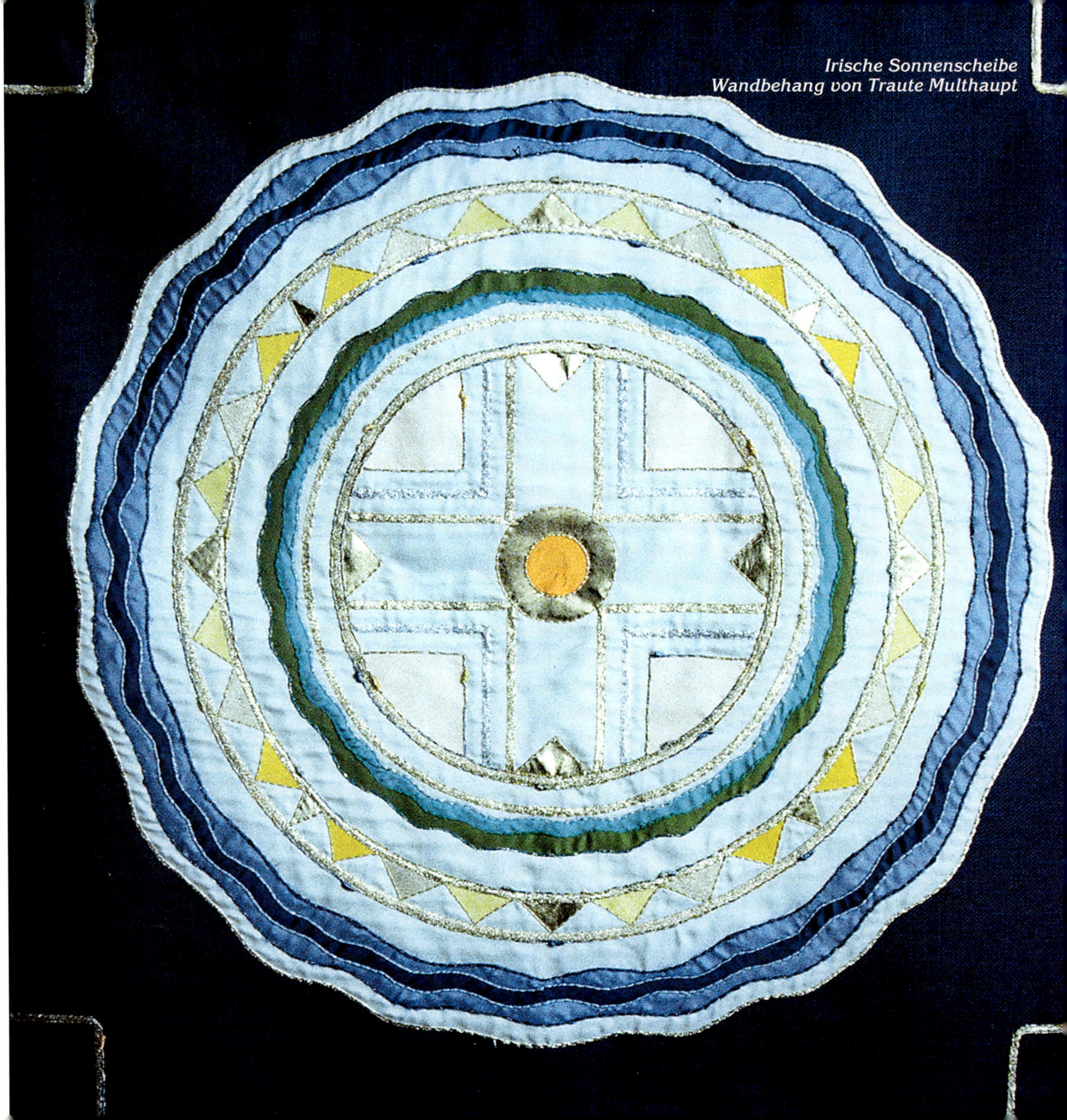

Irische Sonnenscheibe
Wandbehang von Traute Multhaupt

Der Sternenanzünder

Der Sternenanzünder
eilt über die Gipfel der Wolken,
die Sänger der himmlischen Chöre loben ihn.

Vom Vater droben
eilen sie herab,
Harfe und Liederharfe
erklingen ihm zur Ehre.

Du meiner Liebe Zuflucht,
Christus,
soll nicht auch ich deinen Ruhm verkünden?
Engel und Heilige singen gemeinsam dir zur Ehre.

Du Sohn Marias,
voll der Gnaden,
von makelloser Reinheit, du bist schön.
Ich lebte mit Freunden
in den bezaubernden Gefilden deiner Herrlichkeit.

O Christus, geliebter Gott,
du Christ vom heiligen Blut,
ich preise dich
bei Tag und Nacht.

Bei Neumond*

Im Namen des Heiligen Geistes,
des Gnadenreichen,
im Namen des Vaters, der den Ort des Friedens
bewohnt,
im Namen Jesu, der den Tod von uns nahm.
Im Namen der Dreifaltigkeit, die uns in allen
Notlagen beschützt.

Wenn du uns heute abend für gut befunden hast,
mögest du uns beim Abschied siebenmal
besser finden,
du heller weißer Mond der Jahreszeiten,
du heller weißer Mond der Jahreszeiten.

* *Dieser Segensspruch geht auf die Reste eines Mondkultes zurück.*

Beim Anblick des Neumondes

Dieser Tag des Heiligen bescherte uns den Neumond.
Er traf uns bei guter Gesundheit an. Mögen wir bester Gesundheit sein,
wenn er geht und wenn er wiederkommt.

(Im Stehen zu sprechen, wenn man den Neumond sieht.)

Mögest du so leben, daß du das Leben zu nutzen verstehst.

Mögen wir in den Genuß der Gnade Gottes kommen und in Irland sterben.

Mögest du so gesund sein, daß du die Gesundheit genießen kannst.

Möge Gott diese Milch für dich vermehren und ihre mütterliche Quelle dazu.

Möge Gott dir von der Quelle zu trinken geben, die nie versiegt.

Kerzen am „Meßfelsen“ bei Sligo – heimlicher Gottesdienstort der Katholiken während der Verfolgung durch den britischen Lord Protector Oliver Cromwell (1599-1658)

Beim Lichtanzünden

Heiland, mögest du jeder armen Seele,
die diese Welt verlassen hat,
himmlisches Licht geben
und auch jeder armen Seele,
für die wir bitten.

Beim Löschen des Lichtes

Möge Gott das Himmelslicht
nicht in unseren Seelen löschen
oder in den Seelen der Toten,
die vor uns im Zeichen des
Glaubens verschieden sind.

Segensspruch beim Anzünden des Feuers

Ich zünde das Feuer an an diesem Morgen
in Anwesenheit der heiligen Engel des Himmels,
in Gegenwart Gabriels in seiner leuchtenden Gestalt,
in Gegenwart Uriels mit seiner Macht, Wunder zu wirken.

Ich entzünde das Feuer ohne Haß, ohne Neid und Mißtrauen,
ohne Furcht, ohne Scheu vor irgendwas unter der Sonne;
denn Gottes Sohn beschützt mich.

Gott, entzünde tief in meinem Herzen
die Flamme der Liebe zu meinen Mitmenschen,
zu meinen Freunden, aber auch zu meinen Feinden,
ja, zu allen meinen Verwandten,
zu weisen, dummen und bösen Menschen.

Beim Versorgen des Feuers für die Nacht

Ich erhalte Leben in diesem Feuer wie Christus in uns allen Leben erhält.
Maria sei auf dem First dieses Hauses und Brigid in seinem Innern.
Die acht mächtigsten Engel der Himmelsstadt mögen dieses Haus
und seinen Haushalt beschützen und seine Bewohner auch.

Laßt uns dieses Feuer dämmen zu Ehren des heiligen Patrick.
Möge unser Haus nicht niederbrennen
und mögen seine Bewohner nicht ermordet werden,
und möge die helle Sonne morgen auf uns alle scheinen,
zu Hause und draußen.

Des Sommers Abschied

Ich weiß: Wenn der Hirsch röhrt,
streut der Winter viel Schnee, ging der Sommer dahin.

Der Wind weht hoch und kalt, tief rollt die Sonne,
und kurz ist ihr Lauf. Das Meer schäumt wild.

Der Farn verliert seine Farbe ins Dunkelrot –
die Wildgans lockt mit dem gewohnten Schrei.

Der Vögel Flügel lähmt der junge Frost –
die Zeit des Eises naht: das ist meine Kunde.

(9. Jahrhundert)

Beim Anblick eines Regenbogens

Regenbogen, o Regenbogen!
Sieben Engel in den Lüften
tragen des Zimmermanns Arbeitskluft.
Ein Engel trägt den roten Zollstock
des hl. Josef.
Ein Engel trägt die orangefarbene Wasserwaage
des hl. Josef.
Ein Engel trägt die gelbe Holzaxt
des hl. Josef.
Ein Engel trägt die grüne Lochsäge
des hl. Josef.
Ein Engel trägt den blauen Hammer
des hl. Josef.
Ein Engel trägt den veilchenfarbenen Leim
des hl. Josef.
Ein Engel trägt die farblosen Nägel
des hl. Josef.

Sieben Engel in den Lüften,
sie tragen des Zimmermanns Arbeitskluft.
Sieben Engel bauen in Gottes Namen eine Brücke.
Eine starke Brücke, die nicht bricht,
eine starke Brücke, die nicht zusammenfällt,
eine starke Brücke, die keine Flamme verzehrt.
Sieben Engel Gottes bauen eine starke Brücke,
über die die Seelen unserer lieben Toten ziehn,
vom Fegefeuer bis vor den himmlischen Thron.
Bis vor den Thron der heiligen Dreifaltigkeit,
die lebt und herrscht von Ewigkeit zu Ewigkeit,
Amen!

Hochkreuz von Kilfenora, 12. Jahrhundert

Die heilige Brigid als Hebamme

Die schöne Maria komme mir zur Hilfe
und ebenso die heilige Brigid!
Wie Mutter Anna der kleinen Maria das Leben schenkte,
wie Elisabeth Johannes den Täufer gebar,
ohne Fehl und Tadel,
so hilf du mir bei meiner Niederkunft,
steh mir bei, du heilige Brigid.

Wie Maria Christus empfing,
vollendet nach göttlichem Wunsch,
so hilf du mir, Wehmutter,
daß ich die Frucht meiner Empfängnis zur Welt bringe.
So wie du der freudenreichen Jungfrau zu Hilfe kamst,
nicht für Gold oder Korn oder Vieh,
so steh du mir bei.
Meine Not ist groß,
hilf mir, heilige Brigid!

Drei Dinge ...

Drei Dinge stammen von Gott.
Und diese drei Dinge sind es, die Maria
ihrem Sohn erklärte,
denn sie hörte sie im Himmel:
Das barmherzige Wort;
das gesungene Wort;
und das gute Wort.

Möge die Kraft dieser drei heiligen Dinge
für alle Zeit über allen Männern
und Frauen Irlands ruhen.

Bete zu ihnen ...

Wenn eine Fee, ein Mann oder eine Frau
dich nicht beachtet haben,
bedenke, es gibt drei größere im Himmel,
die alles Böse von dir nehmen
und in eine große, wilde See werfen:
Bete zu ihnen und zu den sieben Engeln Gottes,
und sie werden über dich wachen.

Der Gürtel Christi

Der Gürtel Christi umgebe mich
bei meinem Ausgang
und bei meiner Heimkehr.
Im Namen Gottes,
der den Wellen ihren Weg weist:
Er möge uns sicher zurückgeleiten
am Ende des Tages.

Gott sei auf deiner Straße,
auf jedem Weg, den du gehst.

Gebet beim Kuhmelken

Die Segenswünsche Marias
und der Segen Gottes,
der Segen der Sonne
und des Mondes auf ihrer Bahn
und meine Wünsche seien mit dir,
und sei du gesegnet.

Kuhsegen

Gottes Segen über dich, Kuh,
und zweimal soviele Segenswünsche über dich, Kalb.
Komm, Maria, und setze dich,
komm, Brigid, und melke,
komm, heiliger Erzengel Michael,
und segne das Fleisch
im Namen des Vaters und des Sohnes
und des Heiligen Geistes.

Der blaue Himmel spiegelt sich im Wasser an der Steilküste der „Cliffs of Moher“

Lob des Gerechten

Der den Willen des Königs tut,
ist wie geläutertes Gold,
ist wie der Himmel, der sich um die Sonne schmiegt,
ist wie ein Engel
und aller Heiligen Weisheit.

Der nicht den Willen des Königs tut,
ist wie ein Vogel vor dem Tod der Schlinge,
ist wie ein leeres Tongefäß,
wie ein verdorrter Baum.

Der den Willen des Gottessohnes tut,
der im Himmel wohnt,
ist wie ein süß duftender Blütenzweig,
wie eine Schale Honig,
ein Edelstein, der Glück verheißt.

Der nicht den Willen des Königs tut,
ist eine taube Nuß, trocken und hohl,
stinkende Fäulnis, ein abgestorbener Baum,
ein blütenloser Zweig des Holzapfelstammes.

Eine strahlende Sommersonne,
ein Baldachin Gottes im Himmel,
ein Gefäß aus schimmerndem Kristall
ist der, der den Willen des Gottessohnes
im Himmel tut.

Der Mensch auf dem Weg zum Reiche Gottes
ist wie ein siegreiches Rennpferd auf ebener Bahn,
er ist wie ein Triumpfwagen,
der den hohen König zum sicheren Ziele trägt.

Ein Mensch, der Wohlgefallen findet vor dem König,
ist wie eine Sonne, die den heiligen Himmel wärmt,
ist wie ein Tempel voller Schönheit und Pracht,
ein Heiligenschrein, mit Gold verziert.

Er ist wie ein Altar, auf dem der Wein bereit steht,
umspielt von himmlischen Melodien,
ein Kelch, gefüllt mit edlem Trank,
er ist wie starke Bronze, er ist Gold.

(9. Jahrhundert)

Briefkasten an einem Strommast auf der Dingle-Halbinsel

Zauber gegen den Hexenschuß

Möge Petrus ihn wegnehmen und auch Paulus,
möge Michael ihn wegnehmen und ebenso Johannes,
möge Moleesha ihn wegnehmen,
möge Mweelin dieses Leiden von meinem Rücken nehmen,
diesen wilden Schmerz.

Gesundheitstrank

Wir nehmen diesen Trank zu uns,
wie Patrick ihn trinken würde,
voller Anmut und reichlich,
ohne Kampf oder Streit oder Anflug von Scham,
oder im Bewußtsein, daß wir bis morgen aushalten werden.
Wir erbitten die Hilfe unserer Mutter Maria;
denn sie ist unsere Stütze in allen Zeiten.
Dies ist unser Trinkspruch auf ihre Allgegenwart,
und möge der Sohn der Gnade uns helfen.

Segensspruch zum neuen Jahr

Gott, segne mich an diesem neuen Tag,
den ich noch nie erleben durfte.
Deine Allgegenwart zu rühmen
hast du mir die neue Zeit geschenkt, du mein Gott.

Segne, o Gott, mein Augenlicht.
Mögen meine Augen segnen, was nur sie sehen.
Ich will meinen Nachbarn segnen,
und mein Nachbar segne mich.

Gott, schenke mir ein unschuldiges Herz.
Entlasse mich nicht aus dem Blick deines Auges.
Mögest du meine Kinder segnen und meine Frau,
ja, segne mir meine Habe und mein Vieh.

Muttersegen über Sohn oder Tochter

Der große Gott
sei zwischen deinen Schulterblättern,
damit er dich beschützt bei deinem Weggehen und Wiederkommen.
Der Sohn der Jungfrau Maria
möge in deinem Herzen eingeschlossen sein,
und der vollkommene Heilige Geist
werfe ein Auge auf dich.

Taufsegen*

Du Geist, der du in den Fernen wohnst,
laß uns deines Segens gewiß sein,
gedenke des Kindes aus meinem Leib
im Namen des Vaters, der Frieden schafft.

Wenn der Priester des Königs
das Kind mit dem Wasser
des Geistes besprengt,
gewähre ihm den Segen derer,
deren Geist die Himmel erfüllt,
den Segen der Drei in den Himmeln.

Träufle deine Gnade auf das Kind herab,
schenke ihm Tugend und Wachstum,
schenke ihm Kraft und Geleit,
gib du ihm Herden und Güter,
Verstand und Geist ohne Arglist.
Gewähre ihm die Weisheit der Engel,
solange es lebt.
Es möge bestehen vor deinem Angesicht,
ohne Fehl und Tadel,
ja, laß es bestehen können vor dir.

* *Bereits vor der Christianisierung kannten die Kelten eine Art Taufe. Die frühirische Kirche übernahm – wenn möglich – die bestehenden Riten. Die Amme träufelte unmittelbar nach der Geburt drei Tropfen Wasser auf die Stirn des Kindes. Der erste Tropfen galt dem Namen des Vaters und verkörperte Weisheit, der zweite dem Sohn und bedeutete Frieden, der dritte dem Heiligen Geist und symbolisierte Reinheit. In der Regel acht Tage später wurde das Kind kirchlich getauft. In der Zwischenzeit, zwischen Laien- und kirchlicher Taufe, achtete man sorgfältig darauf, daß die bösen Geister das Kind nicht fortzauberten. Die kirchliche Taufe brach die Macht dieser Geister.*

Mögen wir in das Gesicht jeder guten Nachricht
und auf den Rücken jeder schlechten Nachricht schauen.

Möge dreifache Kraft dich auf deiner Reise begleiten.

Möge ich dich alt werden und noch deiner Kinder
Haar kämmen sehen.

Möge ich dich im Himmel wiedersehen.

Mögen wir immer ein sauberes Hemd haben,
ein reines Gewissen
und einen Glückspfennig in der Tasche.

Wilder Atlantik vor der Westküste

Grabschmuck auf dem Friedhof von Holy Cross. Die Statue Pater Pios verweist auf die Verehrung des italienischen Kapuzinerpaters an diesem Ort.

Seelengeleit*

Diese Seele liege in deinem Arm, o Christus,
du König des Himmels.
Amen.

Da du, o Christus, diese Seele freigekauft hast,
finde sie Frieden in deiner Hut.
Amen.

Möge der starke Michael,
der Hochkönig der Engel,
den Weg bereiten vor dieser Seele, o Gott.
Amen.

Der starke Michael zeige dir, liebe Seele,
den Frieden und bereite dir den Weg
zum Königreich des Gottessohnes.
Amen.

* *„Seelengeleit", auch Totensegnung oder -segen sowie Seelenfrieden genannt, hat eine alte Tradition. Es sind nicht unbedingt Geistliche, die diese Worte sprechen, jedoch werden die, die sie sagen, „Seelenfreund" genannt. Der „Seelenfreund" macht mit dem rechten Daumen über den Lippen des Sterbenden das Zeichen des Kreuzes.*

Beim Gang über den Friedhof

Gott grüße euch alle zusammen,
mögen Gott und Maria euch grüßen.

Wie wir jetzt sind, so ward ihr einmal,
wie ihr jetzt seid, werden wir einst sein.
Mögen wir alle uns unter dem Glanz
des Königs der Welt vollenden.

Gebet um den Segen Gottes

Möge dein Segen, o Gott,
wie ein leuchtendes Gestirn
immer über mir schweben,
wie deine glutrote runde Sonne,
wenn sie ihren Tag über den Gräsern
der wilden Wiesen im Glen Na Ndanar beginnt
und wenn meine Hände dieses Brot brechen,
o lebendiger und einziger Gott.
Möge dein Segen immer auf mir ruhen
und auf den tausend gurrenden Tauben
im Tal meiner fröhlichen Einsamkeit!

Möge dein Segen, o Gott,
wie ein leuchtendes Gestirn
immer über mir schweben,
wie der gute, runde Mond,
wenn er seine Nachtwanderung beginnt
über den Eichen der wilden Jäger
im Glen Na Ndanar,
und wenn mein Mund dieses Mahl beendet hat,
o lebendiger und einziger Gott.
Möge dein Segen immer auf mir ruhen
und auf den tausend gurrenden Tauben
im Tal meiner fröhlichen Einsamkeit!

Nimm deinen Segen niemals von diesem Brot,
o lebendiger und einziger Gott.
Ich wünsche mir nicht mehr,
als daß ich täglich etwas zu essen habe
und etwas Brosamen für die wilden Tauben
im Walde der langen Jahre im Glen Na Ndanar!

Wunschgebet des Einsiedlers

Du Sohn des lebendigen Gottes,
du König von Ewigkeit her,
ich wünsche mir eine bescheidene Hütte,
verborgen in der wilden Natur.

Eine kleine graue Lerche trillert ihren Gesang in der Nachbarschaft.

Ich wünsche mir einen kleinen klaren See,
damit ich mich reinwasche
durch die Gnade des Heiligen Geistes von aller Sünde.

In der Nähe wachse ein schöner Wald,
dem Gesang der Vögel zum Schutz und ihnen zur Nahrung.

Meine Hütte blicke nach Süden,
ein Bächlein plätschere durch seine Mitte,
die gute Erde bringe Pflanzen jeder Art freundlich hervor.

Ich wünsche mir ein paar gleichgesinnte Männer,
demütig und gehorsam,
um mit ihnen dich anzubeten, allmächtiger König.
Ihre Zahl werde ich später festlegen.

Viermal drei, dreimal vier, für jeden Handgriff ertüchtigt,
zweimal sechs in der Kirche, nach Nord und Süd.

Für die ewige Anbetung sechs Männerpaare,
dir zur Ehre, o König, der du die Sonne leuchten läßt.

Ich wünsche mir ein verträumtes Kirchlein
mit einem Altartuch aus Leinen,
als deine Wohnung, du himmlischer Gott,
Kreuze leuchten über der makellosen Heiligen Schrift.

Ich wünsche mir ein gemeinsames Haus für uns alle
zur Pflege des Leibes,
ohne gottloses Gerede, ohne Prahlerei und böse Gedanken.

Das wäre eine Wohnung, ich bin so frei,
wie ich sie mir wünsche:
mit duftendem Lauch, mit Hühnern, Lachsen, Forellen und Bienen.

Auch genug Kleidung gewähre mir und Nahrung,
der hochgelobte König.
Die kurze Zeit, die mein Leben währt, sei ein einziges Gebet zu Gott.

(10. Jahrhundert)

Der Rundturm von Rattoo. Er ist 28 m hoch.

Bei Krankheit

Möge der Vater zu meinen Füßen stehen,
der Sohn zu meinen Knien,
der Heilige Geist sei in meinem Herzen,
und Maria wache über mich.

Beim Betreten des Hauses eines Kranken

Möge Segen sein über dich, heiliges Kreuz,
du Baum von frischem grünem Wuchs.
Du heiliges Kreuz, segne mich beim Wiederkommen,
bei meinem Ein- und Ausgang.

Ich betrete dieses Haus,
das ein Ort der Krankheit ist.
Möge Christus in meiner Gesellschaft hineingehen,
möge ich ihn aber nicht wieder hinausbegleiten.

Gebete für den Tod

Gott sei ihren Seelen gnädig,
Gott stütze sie,
Gott stütze sich auf ihre Seelen,
Gott sei ihnen gnädig.

Gastfreundschaft

O König der Sterne!
Sieh an mein Haus: ob dunkel oder hell,
niemals soll es verschlossen sein,
wenn jemand an die Türe pocht.
Möge auch Christus mir sein Haus nicht verschließen.

Wenn ein Gast in deinem Hause weilt,
halte niemals etwas vor ihm verborgen;
denn wenn es deinem Gast auch an nichts mangelt,
so entbehrt doch Jesus etwas, Mariens Sohn.

(13. Jahrhundert)

Der Schlüssel zum Paradies

Den Schlüssel such' ich zum Paradies.
Wo such' ich ihn? Wo find' ich ihn?
Die Kerze leuchtet, die Kate glänzt.
Liegt er im Milchtopf, bedeckt von silbernem Rahm?

Der Nebel naht
und mit ihm die Nacht,
St. Brigid erscheint im leinenen Hemd,
St. Michael mit schimmerndem Schild.
Suchen sie mit mir den Schlüssel zum Paradies?

Nur in mir selbst
darf ich das Unterste zuoberst kehren.
Im Herzen tief
der Schlüssel ruht, der Schlüssel zum Paradies.
Bedeckt mit goldenen Taten.

Türen im georgianischen Stil findet man vor allem in Dublin und Galway

Statue der Gottesmutter im Friedhof von Kilmalkedar

Gebet zur Jungfrau Maria

Liebe Maria, edle Magd, steh uns bei!
Du Schrein des Leibes unseres Herrn,
du Schmuckkästchen der Geheimnisse!

Königin aller Königinnen, du reine Jungfrau,
bitte für uns, auf daß unsere Stunden
uns verziehen werden um deinetwillen.

Du Gnadenreiche, die du bereit bist zu verzeihen,
du voller Gnade des Heiligen Geistes,
bete mit uns zu dem König, der gerecht richtet,
zu dem König des ambrosischen Geschlechtes.

Du Zweig vom Baum Jesse
im schönen Haselnußwald,
bitte für mich, auf daß mir vergeben werden
meine dunklen Sünden.

Maria, du strahlende Krone, die du uns errettet,
herrliches, traumhaftes Licht,
du Blumengarten der Könige!

Ganz Licht du, deine Reinheit überstrahlt alles,
du golden leuchtender Siegesbogen,
du heilige Himmelstochter.

Mutter der Gerechtigkeit,
du erstes aller Geschöpfe,
bete mit mir zu deinem Erstgeborenen,
auf daß er mich
am Jüngsten Tag nicht vergesse!

Schöner, erlesener Stern,
du Blüte unter den Bäumen,
starke, durchscheinende Sonne,
die jeden Menschen wärmt.

Leiter du der großen Bahn,
auf der jeder Heilige emporsteigt,
mögest du unser sicheres Geleit
auf dem Wege zum Reich der Gnade sein.

Weißer, duftender Thron,
auserwählt vom König,
der in deinem Schoße
dreimal drei Monde weilte.

Majestätischer, königlicher Raum du,
durch dich ist Er Mensch geworden,
du prächtige, einmalige Sonne,
Jesus, der Sohn des lebendigen Gottes.

Um des edlen Kindes willen,
das dein Schoß trug,
um des heiligen Kindes willen,
das der Welt höchster König ist,

um Seines Kreuzes willen,
das alle Kreuze übersteigt,
um Seiner zeitlichen Ruhe willen,
als man Ihn in eine Felsengruft bettete,

um Seiner Auferstehung willen,
als Er lebendig wurde vor allen anderen,

um der Heiligen Familie willen von Anbeginn
der Tage bis zum Jüngsten Gericht,

sei du unser Geleit
in das Reich des guten Gottes,
auf daß wir Jesus,
deinem geliebten Sohn,
begegnen – so heißt unser Gebet.

(10. Jahrhundert)

Siebenmal sieben Gebete

Siebenmal sieben Gebete,
Maria mit ihrem Sohn,
Brigid mit ihrem Mantel,
Michael mit seinem Schild,
Gott mit dieser Kraft,
zwischen mir und dem Feuer, das mich ersticken will,
zwischen mir und dem Wasser, das mich ertränken will,
zwischen mir und dem Tod, der plötzlich kommt,
um mich zu bewachen,
um mich zu retten,
um mich zu beschützen
und zu verteidigen.

In Gälisch:
Seacht bpaidreacha faoi sheacht, a chuir
Muire lena Mac,
A chuir Bríd faoina brat, a chuir Micheál
faoina sciath,
A chuir Dia faoina neart,
Idir mé agus tine mo mhúchta,
Idir mé agus uisce mo bháite,
Idir mé agus bás obann,
Le mo chumhdach, le mo shábháil,
Le mo chosaint agus le mo ghardáil.

Segensspruch über jeden Menschen

So reichlich wie das Gras, das wächst,
wie der Sand an der Küste
oder der Tau auf der Wiese ist,
so reichlich komme der Segen des Königs der Gnade
über jede Seele, die war, die ist und sein wird.

Abendgebet

Gott, behüte das Haus, das Feuer, die Kuh,
jeden, der heute Nacht bei uns weilt.
Behüte mich und meine Lieben.
Bewahre uns vor Gewalt und Kummer,
bewahre uns auch vor Feinden heute nacht.
Um des Sohnes der Mutter Maria willen
schütze uns an diesem und an jedem anderen Ort.
Wo immer unsere Lieben sind –
beschütze sie in dieser Nacht
und in jeder anderen Nacht,
ja, auch in jeder anderen Nacht.

Undurchdringlich. – Keltische Köpfe über dem Kirchenportal von Dysert O' Dea

Beim Schlafengehen

Ich lege mich zur Ruhe mit meinem lieben Gott,
möge mein guter Gott sich mit mir niederlegen.
Die beiden Hände Gottes um meine Taille.
Vom Kopf bis zu den Füßen
ein Kreuz aus Engeln über mir –
heute abend und bis zu einem Jahr von heute abend an
und heute nacht natürlich auch.

Der Schutzengel

Du Engel Gottes,
der himmlische Vater hat dich in seiner Gnade
für mich freigestellt.
Du bist gleichsam der Hüter
über die Hüter der Heiligen,
du machst deine Runde um mich diese Nacht.

Vertreibe alle Versuchung und Gefahr,
umgib mich mit deinem Schutz
auf dem Meer der Gottlosigkeit,
und schütze mein kleines Lebensschiff
in den Felsen, Untiefen und Strudeln,
ja, bewahre es allezeit.

Geh mir voraus als helles Licht,
sei ein Leitstern über mir,
sei ein sicherer Pfad unter meinen Füßen
und ein freundlicher Hirte hinter meiner Spur.
Heute, diesen Tag und diese Nacht und immerdar.

Ich bin müde und fremd in der Welt.
Geleite mich in das Land der Engel.
Es ist Zeit für mich, heimzukehren
an den Hof Christi, in den Frieden des Himmels.

Beim Schlafenlegen eines Kindes

Möge Gottes Segen über dich kommen,
mein Kind.
Ich stelle dich in dieser Nacht
unter den Schutz der Gottesmutter
und ihres Sohnes,
unter den Schutz Brigids und ihres Mantels.

In Gälisch:
Le linn leanbh a chur a chodladh
Dia do do bheannachadh, a linbh.
Cuirim thú ar dhíon Mhuire is a Mic,
Ar dhíon Bhríde agus a brait,
Agus ar dhíon Dé anocht.

(Während man dreimal das Kreuzzeichen über die Bettwäsche macht:) Das Kreuz Christi zwischen mir und allen Feinden meiner Seele und meines Leibes.

Gebet beim Bettenmachen

Ich bereite dieses Bett
im Namen des Vaters und des Sohnes
und des Heiligen Geistes.
Ich mache es zurecht im Namen der Nacht,
in der wir empfangen,
im Namen der Nacht,
in der wir geboren wurden,
im Namen des Tages,
an dem wir die Taufe empfingen,
ja, im Namen jeder Nacht und jeden Tages.

Im Bett

Ich liege in meinem Bett,
wie ich einst ruhen möchte in meinem Grab,
deinen Arm, o Gott, unter meinem Nacken,
du Mariens siegreicher Sohn.

Engel sollen um mich sein,
während ich im Bett liege,
und Engel sollen mich beschützen,
während ich im Grab schlafe.

Uriel stehe zu meinen Füßen,
Ariel in meinem Rücken,
Gabriel zu meinen Häuptern,
und Raphael sei an meiner Seite.

Michael nehme sich meiner Seele an,
der starke Schild meiner Liebe.
Und der Arzt, Mariens Sohn,
soll Balsam legen auf mein Auge,
ja, den Balsam des Arztes auf mein Auge.

Schlafsegen

Deine rechte Hand, o Gott,
liege unter meinem Haupt,
dein Licht, o heiliger Geist, scheine hell über mir.
Das Kreuz der neun Engel schwebe über mir
vom Scheitel meines Kopfes
bis zu meinen Fußsohlen,
vom Scheitel meines Kopfes
bis zu den Fußsohlen.

O Jesu, du Mann ohne Sünde,
so grausam gekreuzigt.
Man geißelte dich unter der Knute des Bösen
für die vielen schlechten Taten,
die ich begangen habe,
und die ich in einer Nacht
nicht zu zählen vermag,
nein, die ich nicht aufzuzählen vermag
in einer Nacht.

O mein König im Glanz der Wahrheit,
verstoße mich nicht aus deinem Bund,
und richte mich nicht nach meinen Sünden.
Vergiß mich nicht,
wenn du die Deinen zählst,
nein, vergiß mich nicht beim Zählen.

Der Segen Mariens und des heiligen Michael
sei über mir in Frieden.
Meine Seele sei geborgen im Licht der Wahrheit,
mein Herz frei von Täuschungen.
Meine Seele lebe in Frieden mit dir,
du glänzendes Adendrot über den Bergen.
Michael, du starker,
kümmere dich um meine Seele,
morgens wie abends bei Tag und Nacht.
Ja, so soll es sein.